Standorte

Wimpi, Heidi Schwein und Charly Frosch stehen nebeneinander.

AF867307

➔ Jetzt stellt sich Heidi rechts neben Charly.
➔ Wimpi stellt sich zwischen Heidi und Charly und
➔ Charly stellt sich rechts neben Heidi.

Wie stehen die drei Tiere jetzt? Kreuze die richtige Kombination an.

○ **Heidi Wimpi Charly**

○ **Wimpi Heidi Charly**

○ **Charly Wimpi Heidi**

Lösung: Streiche alle B, F und G.

BFGWGIMBPBIGF FHEFGIBGDBIF FGGCHAGBRLFBYG

Knobelzahlen

Welche Zahl hat die gleiche Farbe wie die Zahl rechts neben der schwarzen 5, ist aber um 2 kleiner als die Zahl links neben der schwarzen 7?

1	**4**	6	3	**8**
2	**5**	7	1	5
9	5	**4**	4	**7**

Lösung: Die graue Zwei

© Mildenberger Verlag · Minutenfüller · Bestell-Nr. 180-57

Im Garten

Kannst du in diesem Bild zehn oder sogar noch mehr Tiere und Dinge entdecken, deren Namen mit e enden. Kreise sie mit einem Buntstift ein.

Lösung: Katze, Wiese, Blume, Treppe, Sonne, Wolke, Hose, Flöte, Fahne, Laterne, Mütze, Tasse, Flasche, Torte, Kanne, Schuhe, Nase

© Mildenberger Verlag · Minutenfüller · Bestell-Nr. 180-57

Lückenzahl gesucht!

Welche Zahl fehlt in den grauen Feldern?

		2			
		2		9	
			9	9	
	+	3	7		
		0	0	0	

Lösung: Die Lösungszahl ist die einzige Ziffer, die in dieser Zahl doppelt vorkommt:
765918412

© Mildenberger Verlag · Minutenfüller · Bestell-Nr. 180-57

Immer schön der Reihe nach!

Wenn die Reihenfolge der zwölf Monate nach dem Alphabet geordnet wäre, wie hieße dann der erste und der letzte Monat im Jahr?

1 2 3 4 5 | 1 2 3 4 5 6 7 8 9

R	E	S	L	P	E	P	M	A	R	E	B	I	T
3	2	1	5	3	5	2	6	1	9	8	7	4	4

Lösung: Ordne die schwarzen und grauen Buchstaben nach den Zahlen, die darunter stehen. Die schwarzen Buchstaben ergeben den Namen des ersten Monats, die grauen Buchstaben ergeben den Namen des letzten Monats.

© Mildenberger Verlag · Minutenfüller · Bestell-Nr. 180-57

Emmas Kofferliste

Emma, Wimpis große Schwester, hat aufgeschrieben, was sie in ihren Koffer einpacken möchte. Weil sie das niemandem verraten will, hat sie die Buchstaben der Wörter vertauscht. Kannst du die Begriffe trotzdem lesen? Trage sie in Großbuchstaben in die Kreise ein. Die Buchstaben in den grauen Kreisen verraten dir, wohin Emma fährt.

DEBUTACH				○	○	○	●	○	○	C	○	
DASANNEL					○	○	●	○	A	○	○	○
RIOHRGEN	○	○	○	R	○	○	●	○				
ELLBRI				○	○	○	●	L	○			
NAMOR				○	○	○	●	○				
KIBINI			○	○	○	○	●	○				
DYNAH				H	○	○	●	○				

Lösung: Emma fährt nach BOGEGBFNKMOGNLFBAPTUNZVTDG.
Lies nur die schwarzen Buchstaben. Die Wörter heißen: BADETUCH, SANDALEN, OHRRINGE, BRILLE, ROMAN, BIKINI, HANDY.

Das Palmen-Puzzle

Auf den Blättern der rechten Palme findest du Wörter und auf den Blättern der linken Palme Buchstaben. Suche zu jedem Wort einen Buchstaben, den man voranstellen kann, sodass ein neues, sinnvolles Wort entsteht. Beispiel: Reis + P = Preis. Jeder Buchstabe darf nur einmal verwendet werden. Schreibe die neu entstandenen Wörter auf.

Lösung: Die neuen Wörter heißen:
PREIS, BRUDER, PFLICHT, KLIPPE, GRILLE,
STEMPEL, STIER, TRICHTER, FLIEGE, ZWISCHEN

Berti, der Muskelbär

Auf dem Sommerfest des Sportvereins will Muskel-Berti zeigen, was in ihm steckt. 200 kg will er stemmen, doch leider liegen die Gewichte durcheinander auf dem Boden und Berti hat keine Ahnung, wie er sie ordnen soll. Links und rechts sollen es jeweils drei Gewichte sein und auf jeder Seite genau 100 kg. Kannst du ihm helfen?

Lösung: Lies von rechts nach links.

gißierddnunebeis + gißierddnureiv + giznawzdnunuen = 100

gizreivdnuierd + giznawzdnufnüf + gißierddnuiewz = 100

Das Eiswaffel-Zauberwort

Zwölf Eiswaffel-Buchstaben müssen nach ihren Nummern in die richtige Reihenfolge gebracht werden. Trage die Buchstaben hier ein und lies dann von rechts nach links.

◯	◯	◯	◯	◯	◯	◯	◯	◯	◯	◯	◯
1	2	3	4	5	6	7	8	9	10	11	12

Lösung: Lies nur die grauen Buchstaben.
BMSKOLMAMSDEOZRALFMEURTIHEGNK

Zahlen-Kontrolle

In jedem Zahlengitter sollten sich die Zahlen von 1 bis 30 befinden. Aber leider fehlt in jedem Zahlengitter eine Zahl. Schreibe sie mit einem Buntstift jeweils in das leere Feld.

8	12	17	1	25	9
11	24	6	29	3	16
13	21	2	4	28	7
30	5	14	27	10	23
15	20	19	22	18	

21	4	25	17	8	23
5	12	19	2	16	7
28	24	3	22	30	26
15	1	27	29	6	18
13	9	20	11	10	

29	13	23	18	7	2
4	28	15	25	9	20
1	6	11	17	22	27
21	16	26	30	5	10
8	24	14	19	3	

4	18	13	7	24	11
22	30	25	9	21	6
8	12	20	3	15	27
17	26	2	29	19	10
5	23	14	16	1	

Lösung: Zähle nun alle vier Zahlen, die du eingetragen hast, zusammen und vergleiche mit der Lösungszahl. Lies nur die grauen Buchstaben.

bsaercvhftdzgvimgnh

Wimpis Silbenrätsel

Unten findest du 20 Silben. Man kann aus ihnen fünf Wörter bilden.
Jedes Wort besteht aus vier Silben, z. B.: Mär-chen-kö-nig.
Findest du alle fünf Wörter? Dann schreibe sie auf.

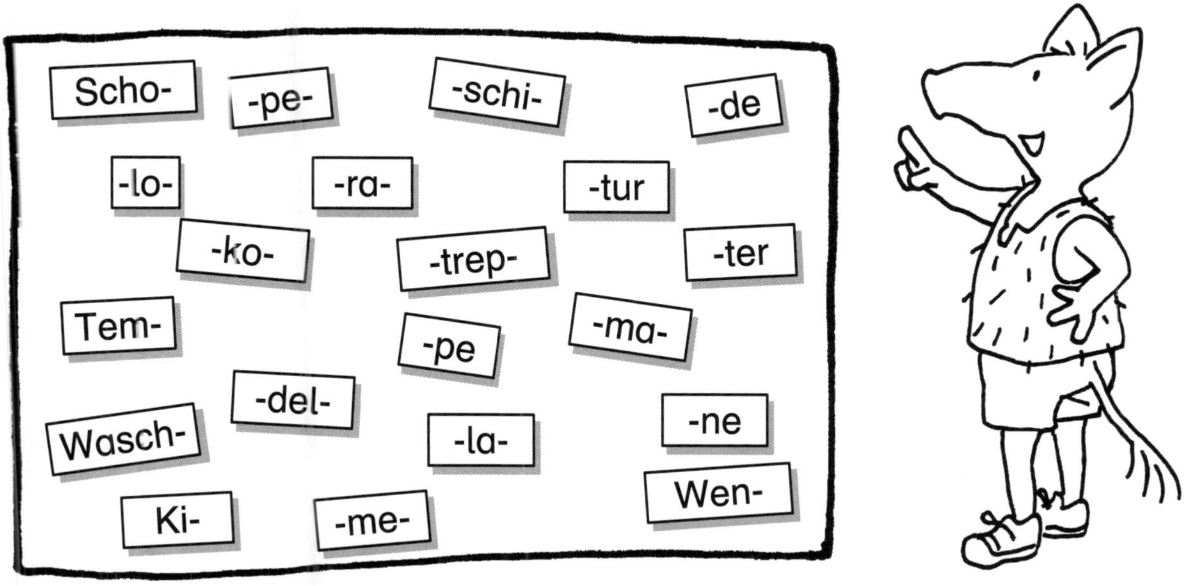

Lösung: Schokolade, Waschmaschine, Wendeltreppe, Temperatur, Kilometer

Versteckte Tiere

In diesem Buchstabenfeld sind die Namen von vier Tieren versteckt.
Jeder Name wurde in einer anderen Schrift gedruckt.
Schreibe zuerst alle Buchstaben auf, die zu einer Schrift gehören.
Stelle dann die Buchstaben so zusammen, dass Tiernamen entstehen.

F	Ä	E	I	T
I	R	N	A	E
N	I	D	U	P
E	N	E	R	G
B	F	P	L	S

Kreuze die vier Tiere an, deren Namen du gefunden hast.

Löwe ◯ **Pinguin** ◯ **Tiger** ◯ **Hund** ◯ **Pferd** ◯ **Elefant** ◯ **Affe** ◯ **Eisbär** ◯ **Maus** ◯

Lösung: Pinguin, Pferd, Elefant, Eisbär

ABC-Wörter

Finde so viele Wörter wie möglich, bei denen die einzelnen Buchstaben in alphabetischer Reihenfolge vorkommen, zum Beispiel: Bein, Ost, Eis, Ast, … Das ist nicht einfach. Wenn du drei passende Wörter findest, ist das schon toll.

A **B** C D **E** F G H **I** J K L M

N O P Q R S T U V W X Y Z

Seltsame Anfangsbuchstaben

Wofür stehen diese zwölf Anfangsbuchstaben?

J F M A M J J A S O N D

Lösung: Sie stehen für die Monate im Jahr: Januar, Februar, März, April, Mai, Juni, Juli, August, September, Oktober, November, Dezember.

Zielwerfen

Auf dem Schulfest gibt es ein Glücksspiel. Wer seine drei Bälle in die Löcher trifft, die zusammengezählt 100 ergeben, gewinnt. Wimpi ist ein guter Werfer, aber leider ein schlechter Rechner. Er weiß nicht, auf welche drei Löcher er zielen muss. Weißt du es?

Lösung: Die drei richtigen Löcher tragen die Nummern: gizhcesdnunebeis, nhezreiv und nhezuen. Lies von rechts nach links.

Badespaß

Wimpi planscht sehr gerne in der Badewanne. Manchmal stellt er sich vor, die Wanne wäre mit warmem Himbeerpudding gefüllt oder mit tausend Tischtennisbällen, mit weichen Vogelfedern, mit Schlamm oder mit prickelndem Mineralwasser. Worin würdest du gerne einmal baden?
Nimm deine Buntstifte und fülle Wimpis Badewanne.

© Mildenberger Verlag · Minutenfüller · Bestell-Nr. 180-57

Logisch!

Welche dieser vier Kugeln passt zu den anderen im Kasten?

Lösung: Zu jeder Zahl im Kasten gibt es eine Partnerzahl mit vertauschten Ziffern.
Die fehlende Partnerzahl heißt **gizhcesdnunebeis**.
Lies von rechts nach links.

© Mildenberger Verlag · Minutenfüller · Bestell-Nr. 180-57

Umarmung

Vier Wildschweintanten treffen sich auf dem Familienfest. Jede Tante begrüßt jede andere mit einer herzlichen Umarmung. Wie viele Umarmungen sind dazu insgesamt nötig?

Lösung: Es sind genau 3 · 8 : 4 Umarmungen nötig.

Wer bin ich?

- Ich bin ein Vierbeiner.
- Ich bin perfekt an meine Umwelt angepasst.
- Ich kann bis zu einer Tonne wiegen.
- Nur wenig Menschen haben mich in der Natur gesehen.
- Ich bin ein guter Schwimmer.
- Je kälter es ist, umso angenehmer für mich.
- Weiß ist meine Lieblingsfarbe.
- Mein Name besteht aus sechs Buchstaben.

Lösung: Ich bin ein **bEthIdkSdBfdÄklR**.
Lies nur die großen Buchstaben.

Das Puzzle-Rezept

Kannst du dieses Rezept lesen?

Eisbananen (1)

Sehr (2) in (5) geschnittene (7) eisigen (14)

erfrischend (3) im (9) gefrorene (11)

und (8) wie (17)

Guten (20) Scheiben (6) Bananen. (12)

Gefrierfach (10) Scheiben (15) Bonbons (18)

Die (13) gelutscht. (19) Appetit! (21)

werden (16) sind (4)

© Mildenberger Verlag · Minutenfüller · Bestell-Nr. 180-57

Die Weihnachtskarte

Stell dir vor, du gehst zum Briefkasten, öffnest ihn und findest zu deiner großen Verwunderung eine Weihnachtskarte von der Person, die du am allermeisten bewunderst. Wer hat dir geschrieben und was könnte auf der Karte stehen? Denke ein bisschen darüber nach.

Namen versilben

Wie viele Kinder gibt es in deiner Klasse, deren Vor- und Nachnamen gleich viele Silben haben?
Zum Beispiel: Jan Schwarz, Ni – na Mül – ler, Mar – le – ne Sau – er – bier, Ve – ro – ni – ka Win – kel – mei – er

Schreibe ihre Namen in Silben auf:

Wim – pi Wild – schwein, ______________________________

____

____

____

____

____

____

____

____

____

____

© Mildenberger Verlag · Minutenfüller · Bestell-Nr. 180-57

Bitte Platz nehmen!

Fünf Faschingsgäste sollen sich auf fünf Stühle setzen, aber so einfach ist das gar nicht. Lies die Angaben durch und schreibe unter die Stühle, welcher Gast wo sitzt.

- Die Hexe setzt sich nicht auf den fünften Stuhl.
- Der Clown sitzt am liebsten auf dem zweiten Stuhl.
- Die Prinzessin will um nichts auf der Welt neben dem Clown sitzen.
- Der Indianer möchte gerne zwischen der Hexe und der Prinzessin sitzen.
- Cowboy und Indianer wollen keinesfalls nebeneinandersitzen.
- Der Indianer sitzt zwei Stühle vom Clown entfernt.

Lösung: So sitzen die fünf nebeneinander:
1 Cowboy, 2 Clown, 3 Hexe, 4 Indianer, 5 Prinzessin

© Mildenberger Verlag · Minutenfüller · Bestell-Nr. 180-57

Verzwickt!

Welche vier direkt aufeinanderfolgenden Zahlen ergeben zusammengezählt 70?

$\bigcirc + \bigcirc + \bigcirc + \bigcirc = 70$

Lösung: Lies immer nur die grauen Buchstaben.
Fsbecghzlsekhmn, lsogimebdzefvhand, nasocfhdtzelhn, pnjuehbungzerthwn

Tier-Mathematik

Jedes Tier steht für eine Zahl von 0 bis 5. Setze die richtigen Ziffern für die Tiere ein, sodass die Rechnung stimmt.

Lösung: Schwein = 2, Biber = 0, Hund = 5, Frosch = 3, Schnecke = 4, Schildkröte = 1
2 053 + 2 050 = 4 103

© Mildenberger Verlag · Minutenfüller · Bestell-Nr. 180-57

Entfernung

Graf Leopold von Felsenblech schwebt von seiner Burgruine zu seiner Freundin Karla Kopflos. Leopold hebt um 20.00 Uhr ab und fliegt mit einer Durchschnittsgeschwindigkeit von 10 km/h. Karla steigt ebenfalls um 20.00 Uhr aus ihrem Sarg und schwebt in Richtung Leopold davon. Karla ist mit einer Durchschnittsgeschwindigkeit von 15 km/h unterwegs. Wer von beiden ist in dem Augenblick, in dem sie sich unterwegs treffen, von Leopolds Burgruine weiter entfernt?

Lösung: Da sich die beiden an der gleichen Stelle treffen, sind auch beide gleich weit von der Ruine entfernt.

Das Gespenster-Ballett

Die Gespenster haben sich so aufgestellt, dass alle fünf Zahlen in jeder Zeile und Spalte zusammengezählt 20 ergeben. Leider haben einige Gespenster ihre Zahlen verloren. Kannst du die fehlenden Zahlen eintragen? Es dürfen alle Zahlen von 1 bis 9 eingesetzt werden und jede Zahl darf auch mehrmals in einer Zeile oder Spalte erscheinen.

5		7	3		20
8	6			4	20
		2	8	5	20
1	4	5			20
	3		6	2	20
20	20	20	20	20	

© Mildenberger Verlag · Minutenfüller · Bestell-Nr. 180-57

Nikolaus-Kartoffeln

Wimpi und Emma Wildschwein haben vom Nikolaus 12 Marzipankartoffeln bekommen. Weil Emma die ältere von beiden ist, soll sie eine Kartoffel mehr bekommen als Wimpi. Wie viele Marzipankartoffeln bekommt Emma und wie viele bekommt Wimpi?

Lösung: Emma bekommt 6 $\frac{1}{2}$, Wimpi bekommt 5 $\frac{1}{2}$ Marzipankartoffeln.

© Mildenberger Verlag · Minutenfüller · Bestell-Nr. 180-57

Der Abfahrtslauf

Die Skifahrer sausen den Hang hinab. Alle drei kommen ins Ziel, aber wer fährt das Rennen in Bestzeit?

Sekundenzähler:

□ = 5 Sekunden, △ = 3 Sekunden, ○ = 1 Sekunde

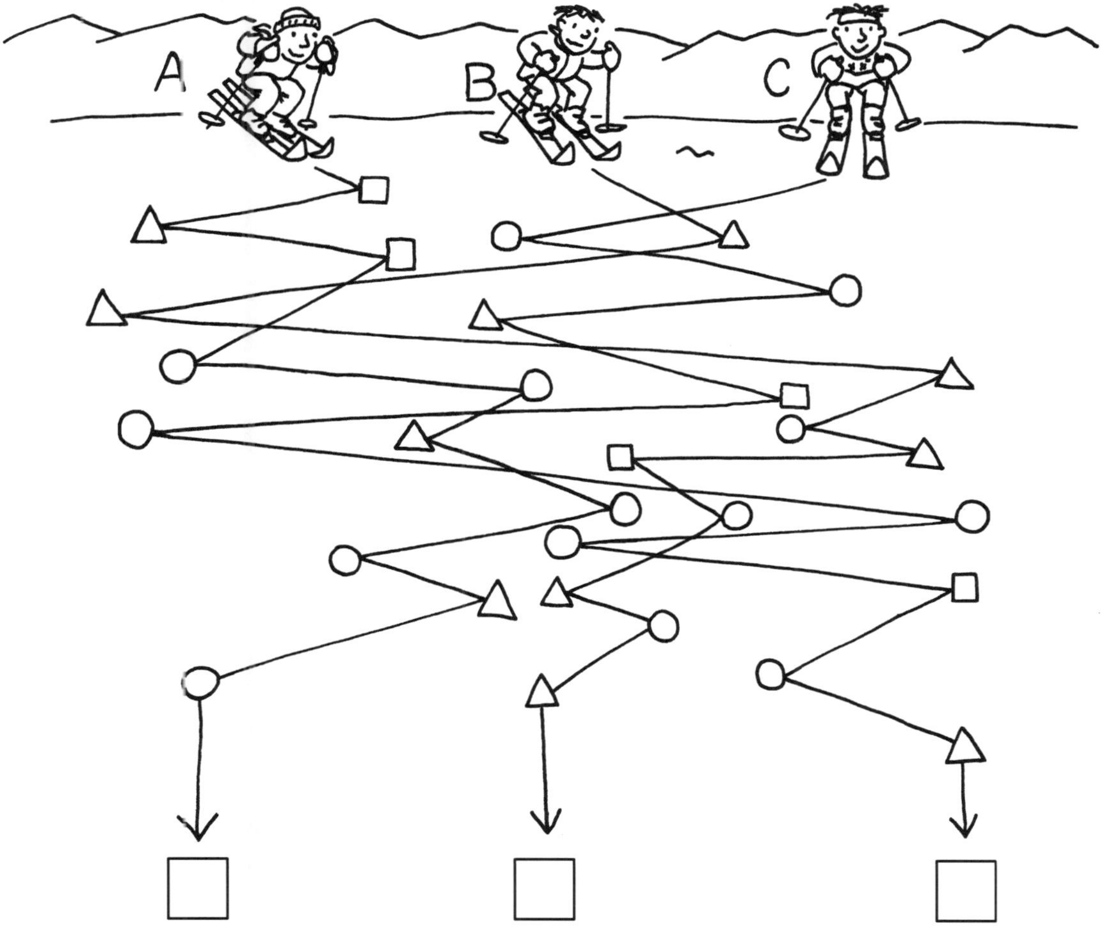

Lösung: Skifahrer C gewinnt das Rennen.
A: 24 Sekunden, B: 26 Sekunden, C: 22 Sekunden

© Mildenberger Verlag · Minutenfüller · Bestell-Nr. 180-57

Skisalat

Kreise die richtigen Buchstaben ein.

1. Welcher Ski ist der längste? A D P F G E R S T U
2. Welcher Ski ist der kürzeste? A D P F G E R S T U
3. Welche zwei Ski sind genau gleich lang? A D P F G E R S T U
4. Welcher Ski ist der unterste im Skisalat? A D P F G E R S T U

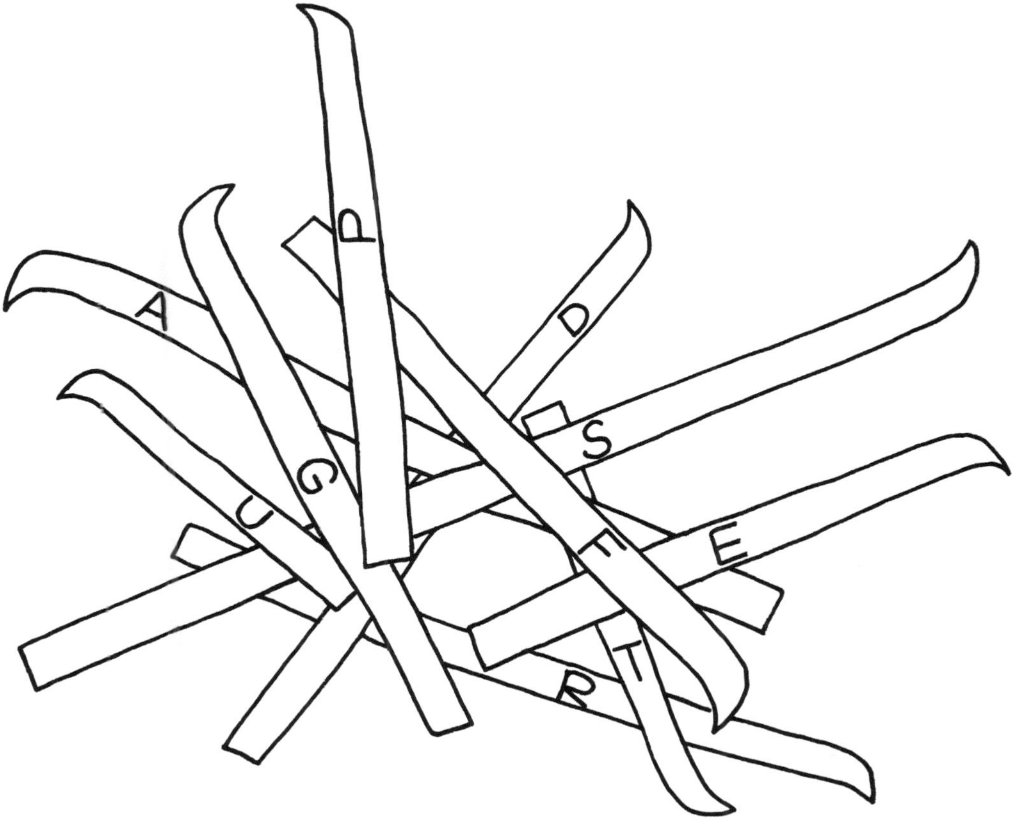

Lösung: Wenn du die fünf eingekreisten Buchstaben der Reihe nach liest, erhältst du das Lösungswort.

© Mildenberger Verlag · Minutenfüller · Bestell-Nr. 180-57

Logo!

Welche Figur fehlt im leeren Kästchen?

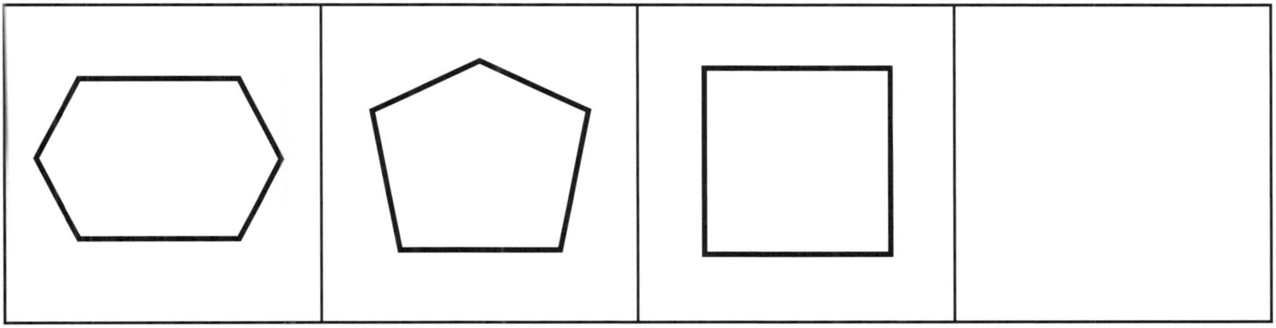

Lösung: Logo! Hier fehlt ein **BADFRFBEAAIFBEABCFFKA**.
Streiche alle B, A und F.

Knobelbuchstaben

Wofür stehen diese zehn Anfangsbuchstaben?

e z d v f s s a n z

Lösung: Es sind die Anfangsbuchstaben der Zahlwörter von 1 bis 10, also: eins, zwei, drei, vier, fünf, …

Buchstabensuche

Schau dir die Wörter genau an. In jeder Reihe gibt es einen Buchstaben, der in allen sechs Wörtern vorkommt. Schreibe den Buchstaben jeweils in den Kreis rechts daneben. Lies die Buchstaben danach von unten nach oben.

Winter, Karin, Torf, vierzig, schwer, Tiger ◯

Katze, Flasche, Radio, Zebra, Elefant, Großtante ◯

Kabel, Eisbär, Erdbeere, Wirbel, bravo, Kobold ◯

Jäger, Käfer, Herz, Gurke, schwarz, Natur ◯

Mädchen, Trommel, Orange, Delfin, seltsam, Computer ◯

Seide, dreißig, Gardine, Kind, Schokolade, Bruder ◯

Stunde, gesund, Heizung, Ferien, Nase, neu ◯

Kunde, Grube, Eilzug, Handtuch, Blumen, Schuh ◯

Gewinn, warum, Lawine, Rotwein, Edelweiß, Wind ◯

Lösung: GwEOuZnDHdKeAVrMbSaErTG

Lies nur die Kleinbuchstaben.

© Mildenberger Verlag · Minutenfüller · Bestell-Nr. 180-57

Merksatz des Monats von Tante Wilma

s n m k e o b t ö ß e f i n d e n n o t k a n

e e m c l r r e s ü l e n i e d s e c l e h

Lösung: Semmelbrösel in den Socken halten deine Füße trocken.

© Mildenberger Verlag · Minutenfüller · Bestell-Nr. 180-57

Der Schneebuchstabe

Wimpi stapft einen Buchstaben in den frisch gefallenen Schnee. Zuerst geht er zehn Meter nach Norden, dann fünf Meter nach Osten. Jetzt dreht er um, stapft fünf Meter nach Westen und drei Meter nach Süden zurück. Von hier aus geht er noch drei Meter weit nach Osten. Welcher Buchstabe ist entstanden?

Lösung: Der Lösungsbuchstabe ist der einzige, der in allen drei Wörtern vorkommt: AFRIKA FROSCH DELFIN

Das Zahlen-Iglu

Kannst du die fehlenden Zahlen in die Schneeblöcke eintragen?
Jede Zahl entspricht der Summe der beiden Zahlen in den Blöcken darunter.

Lösung: Die oberste Zahl im Iglu heißt: **flöwzdnutrednuhnie.**
Lies von rechts nach links.

Verwandtschaftsbesuch

Wimpi hat in den Sommerferien einen Verwandten besucht, und zwar den Mann der Mutter des Bruders seines Vaters. Klar, dass Wimpi in seiner Verwandtschaft durchblickt, aber weißt du auch, wen er besucht hat?

Lösung: Lies von rechts nach links. **THCUSEBAPONENIESTAHIPMIW**

Das Datumrätsel

Welches Datum hat der 50. Tag im Jahr?

Lösung: Lies von rechts nach links.
.RAURBEF ETNHEZNUEN RED TSI SE

© Mildenberger Verlag · Minutenfüller · Bestell-Nr. 180-57

Die Füllerrätsel

Wimpi besitzt eine große Sammlung an Schulfüllern.

1. Zwei Füller sind genau gleich. Male sie an.
2. Nur ein Füller zeigt genau auf Wimpis Nasenspitze. Kreise ihn ein.

Lösungen: 1. Die Zahlen auf den beiden gleichen Füllern ergeben zusammengezählt die Summe 20.
2. Der Füller, der auf die Nasenspitze zeigt, ist Füller Nummer: **gtzbketahlsn**. Lies jeden dritten Buchstaben.

Pablos Piratenschatz

Pablo, der Piratenkapitän, hat nicht nur Freude an seinem Schatz. Ab und zu muss er die 120 Münzen in der Schatztruhe auch polieren. Nachdem er heute die 45 Goldmünzen poliert hat, kommen morgen die Silbermünzen an die Reihe. Davon gibt es halb so viele wie Kupfermünzen.
Wie viele Silbermünzen muss Pablo morgen polieren?

Lösung: Lies jeden zweiten Buchstaben.
sfeüanäfiudngdözrweamnczfirgn

© Mildenberger Verlag · Minutenfüller · Bestell-Nr. 180-57

Internationale Zeichensprache

Vielleicht fährst du ja in den Ferien ins Ausland und triffst Kinder, die eine andere Sprache sprechen. Manchmal kann man sich durch Zeichen verständigen. Verbinde jedes Bild mit der passenden Erklärung.

Ich habe Durst.

Ja.

Das ist mir zu laut.

Komm her!

Ich weiß nicht.

Nein.

Ich bin müde.

© Mildenberger Verlag · Minutenfüller · Bestell-Nr. 180-57

Die Alphabet-Botschaft

Trage die Buchstaben des Alphabets der Reihe nach in die Kästchen ein. Wenn du bei „Z“ angekommen bist, schreibe das Alphabet rückwärts weiter. Danach geht es wieder vorwärts. Die fünf Buchstaben in den grauen Feldern ergeben eine Botschaft für dich.

A	B	C													
								Y	Z	Y	X	W			
		A	B	C											
											Z				

Lösung: Suche zu jedem Buchstaben den Nachfolger im Alphabet: **RTODQ**

© Mildenberger Verlag · Minutenfüller · Bestell-Nr. 180-57

Die neue Straße

Die Bewohner von Birnbach und von Pflaumberg wünschen sich schon lange eine Straße, die die beiden Orte miteinander verbindet. Weil die Straße aber nicht durch bestimmte Grundstücke führen darf, ist das schwierig. Findest du eine Lösung? Zeichne die neue Straße mit einem Buntstift ein.

	A	B	C	D	E	F
1						
2						
3						
4						
5						
6						

Lösung: Die neue Straße verläuft so:
D1, D2, C2, B2, A2, A3, A4, B4, B5, C5, D5, D4, E4, F4, F5, F6.

Entfernungen

Wenn man von Unterhaselbach über Haselbach nach Oberhaselbach fährt, beträgt die Strecke 20 km. Die Strecke von Oberhaselbach nach Haselbach ist um 4 km kürzer als die Strecke von Haselbach nach Unterhaselbach. Wie weit ist dann Haselbach von Unterhaselbach entfernt?

Lösung: Die Strecke von Haselbach nach Unterhaselbach beträgt
100 : 5 + 4 – 7 – 5 km

Daumenklein

Findest du im Klassenzimmer sechs Dinge, die kleiner sind als dein Daumen? Schreibe sie auf.

1. ______________________________

2. ______________________________

3. ______________________________

4. ______________________________

5. ______________________________

6. ______________________________

© Mildenberger Verlag · Minutenfüller · Bestell-Nr. 180-57

Das Weintraubenrätsel

Fülle die Weintraube so aus, dass immer zwei Nachbarzahlen zusammengezählt die Zahl darunter ergeben.

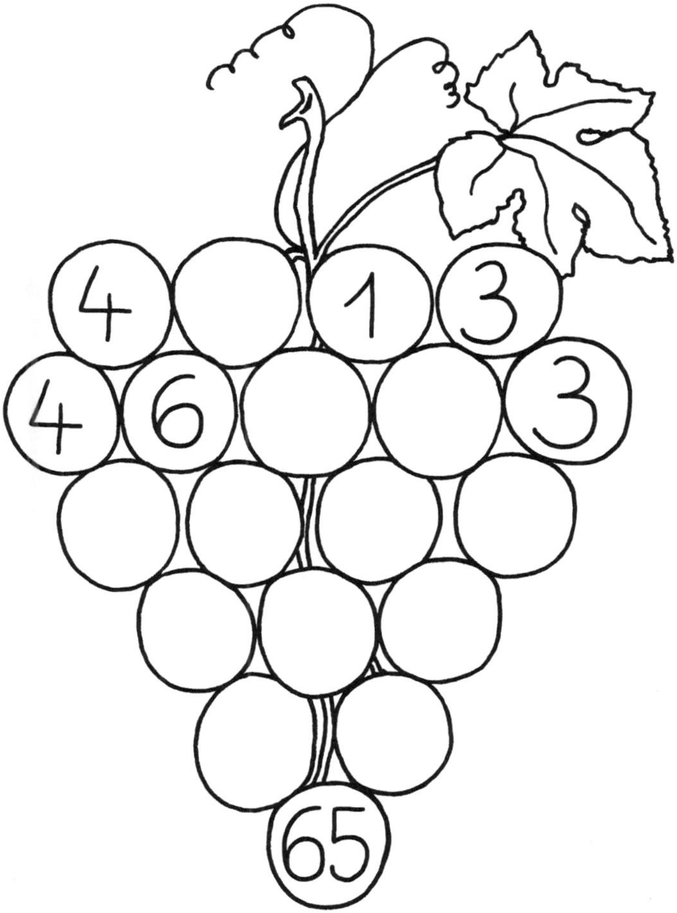

Lösung: 4, 2, 1, 3   4, 6, 3, 4, 3   10, 9, 7, 7   19, 16, 14   35, 30,   65

© Mildenberger Verlag · Minutenfüller · Bestell-Nr. 180-57

Die Verwandlung

Wie macht man aus einer LINDE eine BIRNE? Ganz einfach: Du überträgst die Buchstaben von oben nach unten in diejenigen Kreise, auf die die Pfeile zeigen. Bei manchen Wörtern musst du aber noch einen Buchstaben ergänzen, damit es einen Sinn ergibt.

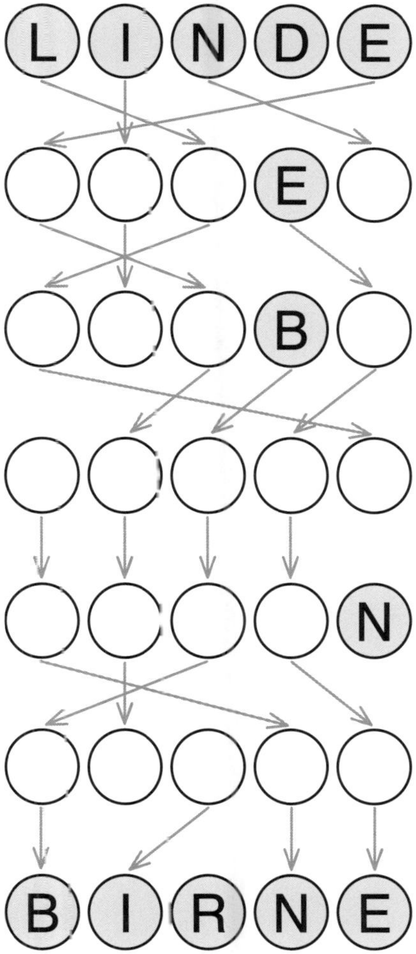

Lösung: Die Wörter heißen: LINDE, EILEN, LIEBE, NEBEL, NEBEN, BEINE, BIRNE

© Mildenberger Verlag · Minutenfüller · Bestell-Nr. 180-57

Rätselbären

In einer Gummibärchentüte befinden sich noch genau drei rote, drei grüne, drei gelbe und drei weiße Gummibären. Wenn du mit verbundenen Augen Gummibärchen aus der Tüte ziehen dürftest, wie viele Gummibärchen müsstest du nehmen, dass wenigstens drei Stück von einer Farbe dabei sind?

Lösung: 50 · 2 – 48 + 8 – 51 Stück

© Mildenberger Verlag · Minutenfüller · Bestell-Nr. 180-57

Das Geheimnis

Wimpi Wildschwein hat sich verliebt. In wen, das verrät er aber nicht. Deshalb hat er den Namen seiner Angebeteten in Geheimschrift geschrieben. Kannst du sein Geheimnis lüften?

A	B	C	D	E	F	G	H	I	J	K	L	M	N	O	P	Q	R	S	T	U	V	W	X	Y	Z
1	2	3	4	5	6	7	8	9	10	11	12	13	14	15	16	17	18	19	20	21	22	23	24	25	26

○ = 1 ☺ = 5 😐 = 7 ☹ = 10

QBVMJOF QJOHVJO

Lösung: Suche zu jedem Buchstaben den Vorgänger im Alphabet.

Becherpyramide

Wimpi möchte aus 21 Pappbechern eine Pyramide bauen. Ganz oben steht ein Becher, darunter zwei, darunter drei und so weiter. Aus wie vielen Reihen wird die Pyramide bestehen? Kannst du sie in den Rahmen zeichnen?

Lösung: Die Pyramide besteht aus 35 : 7 + 11 – 10 Reihen.

© Mildenberger Verlag · Minutenfüller · Bestell-Nr. 180-57

Die KVKK-Sammlung

V bedeutet Vokal, K bedeutet Konsonant. Suche so viele Wörter wie möglich, die zu dieser Buchstabenkombination passen:

K V K K

Bart, bald, Post, ______________________________

____

____

____

____

____

____

____

____

Lösungsmöglichkeiten: Wald, Rand, Kork, Hund, Mond, Saft, Gurt, Nest, Nuss, Witz, …

© Mildenberger Verlag · Minutenfüller · Bestell-Nr. 180-57

Superhirn

Welche drei direkt aufeinanderfolgenden, ungeraden Zahlen haben zusammengezählt das Ergebnis 45?

Lösung: Lies von rechts nach links: **nhezbeisnhezfnüfnhezierd**

© Mildenberger Verlag · Minutenfüller · Bestell-Nr. 180-57

Das Vornamenrätsel

Fünf Freunde spielen das Vornamenspiel. Es geht darum, dass jedes Kind aus den Buchstaben seines Vornamens möglichst viele neue Wörter bildet. Ein Kind hat am Schluss vergessen seinen Namen auf das Blatt zu schreiben. Kannst du aufgrund der neu gebildeten Wörter herausfinden, wie das Kind heißt, dem das Blatt gehört?

ROSINANTE | NORBERT | FRIEDRICH | STEFANIE | CHRISTINA

Lösung: Das Blatt gehört **MEMMIMNMAMFMMEMTMSM**.
Streiche alle M und lies von rechts nach links.

Wimpis Zaubertafel

Wimpi hat sich eine Rechen-Zaubertafel ausgedacht. Wie sie funktioniert, kannst du sehen, wenn du die Felder unten ausfüllst. Was fällt dir auf?

1	2	3	4	5	6	7	8	9	***10***
11	12	13	14	15	16	17	18	19	20
21	22	23	24	25	26	27	28	29	30
31	32	33	34	35	36	37	38	39	40
41	42	43	44	45	46	47	48	49	***50***

1. Trage die Zahlen in den hellgrauen Feldern hier ein und rechne.

   ◯ + ◯ + ◯ + ◯ = ______

2. Trage die unterstrichenen **Zahlen** hier ein und rechne.

   ◯ + ◯ + ◯ + ◯ = ______

3. Trage die Zahlen in den dunkelgrauen Feldern hier ein und rechne.

   ◯ + ◯ + ◯ + ◯ = ______

4. Trage die ***schräg gestellten Zahlen*** hier ein und rechne.

   ◯ + ◯ + ◯ + ◯ = ______

5. Trage die weißen Zahlen hier ein und rechne.

   ◯ + ◯ + ◯ + ◯ = ______

© Mildenberger Verlag · Minutenfüller · Bestell-Nr. 180-57

Spitznamen

Hast du einen Spitznamen? Kannst du dich noch daran erinnern, wer ihn dir gegeben hat und wann das war?

Welchen Spitznamen würdest du dir selbst geben und warum?

Welche Spitznamen haben deine Freunde, Freundinnen und deine Geschwister? Schreibe die lustigsten Spitznamen auf.

© Mildenberger Verlag · Minutenfüller · Bestell-Nr. 180-57

Das Super-Los

Wimpi hat sich ein Los gekauft, das diese Nummer trägt: **21912**. „Das bringt bestimmt Glück“, meint er, denn die Nummer bleibt genau gleich, auch wenn man sie von hinten nach vorne liest. Nun will Wimpi auch so ein Los für seine Freundin Jule Schwein kaufen. Welche nächsthöhere Zahl hat die gleiche Eigenschaft?

Lösung: Lies nur die Kleinbuchstaben.

DzGwPeiLunSdMzwHanKzigAtEauBsenOdSzwVeiLunNdPzwTanFzig

Vier Freunde

Die vier Freunde Ben, Mike, Paul und Alex sitzen zusammen in der Eisdiele. Da fällt ihnen auf, dass jeder von ihnen eine andere Haarfarbe hat. Ihre Haare sind blond, rot, braun und schwarz.
Ben sagt: „Ich sehe blonde Haare, schwarze Haare und Haare in einer weiteren Farbe.“ Alex stellt fest, dass er schwarze Haare sieht, rote und noch eine weitere Farbe. Paul sagt: „Ich sehe niemanden mit blonden Haaren.“
Welche Haarfarbe hat Mike?

Lösung: Paul kann keine blonden Haare sehen, weil er selber blonde Haare hat. Alex hat keine blonden Haare, weil nur einer der Jungen diese Haarfarbe besitzt. Schwarze oder rote Haare hat er auch nicht, weil er sie sehen kann. Folglich hat Alex braune Haare. Ben kann keine blonden Haare haben und keine braunen. Da er schwarze Haare sieht, kann er keine schwarzen Haare haben. Ben hat also rote Haare. Mike kann nur noch schwarze Haare haben.

© Mildenberger Verlag · Minutenfüller · Bestell-Nr. 180-57

Abend in Birnbach

Langsam wird es dunkel. Mimi Maus ist müde. Was macht sie jetzt noch? Du erfährst es, wenn du die Aufgaben löst und den zugehörigen Buchstaben unter dem jeweiligen Ergebnis einträgst.

9	20	9	20

10	6	49	4

20	14	15

36	6	4	4

Lösung: Lies nur die Großbuchstaben.
aMdlfMgln iGvErHkTe plnNmSh tBfEkTdTb

© Mildenberger Verlag · Minutenfüller · Bestell-Nr. 180-57

Am Busbahnhof

Wimpi studiert den Fahrplan und wundert sich über die Preise der Fahrkarten. Es scheint hier besondere Regeln zu geben. Wie viel die Fahrkarte nach Paris kostet, kann Wimpi leider nicht lesen. Weißt du es?

Lösung: Die Fahrkarte nach Paris kostet 5 Euro. Bei diesem Bus-unternehmen richten sich die Preise nach der Anzahl der Buchstaben, die der Städtename hat.

© Mildenberger Verlag · Minutenfüller · Bestell-Nr. 180-57

Frische Früchte

- Trage die Namen der Früchte in das Gitter ein.
- Schreibe dann die Buchstaben aus den grauen Feldern noch einmal der Reihe nach hier auf: ☐☐☐☐☐☐☐☐☐
  6 5 7 2 1 9 4 8 3
- Ordne die Buchstaben jetzt nach den Zahlen darunter und schreibe die Buchstaben hier auf:

____

Lösung: Lies nur die Großbuchstaben. **tfSjbEkGdEtdLfBctOkOlTbr**

Wörtervergleich

Vergleiche in jeder Zeile die zwei oder drei vorgegebenen Wörter und schreibe in den Kreis daneben, wie viele Buchstaben diese Wörter jeweils gemeinsam haben.

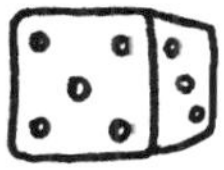
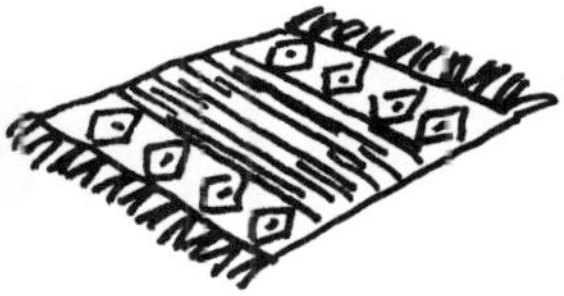

Garten	Birne		◯
Zebra	Kamel		◯
Flasche	Frosch		◯
Reis	Teppich		◯
Brille	Schaukel	Würfel	◯
Kanne	Knochen	Knopf	◯
Anorak	Laterne	Kran	◯

Lösung: Zähle die Zahlen in den Kreisen zusammen.
Wenn du alles richtig gemacht hast, ist deine Lösungszahl 18.

Das Segelboot

Wimpi hat dieses Segelboot mit nur einer Linie gemalt. Kannst du das auch? Probiere es auf einem Blatt Papier aus.

© Mildenberger Verlag · Minutenfüller · Bestell-Nr. 180-57

Mikado

Wenn du die Mikadostäbchen in der richtigen Reihenfolge aufnimmst, welcher Buchstabe hat dann das fünfte Stäbchen?

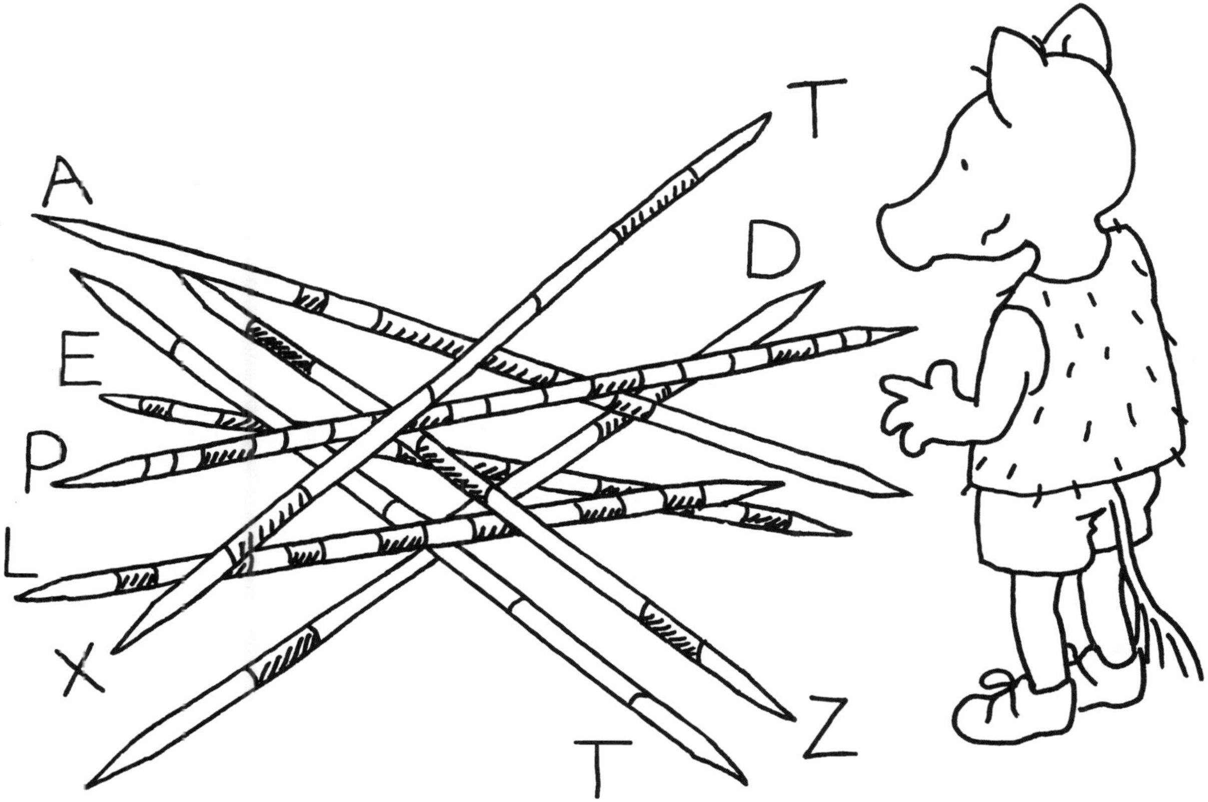

Lösung: Es ist der 12. Buchstabe im Alphabet.

© Mildenberger Verlag · Minutenfüller · Bestell-Nr. 180-57

Spiegelzeit

Emma Wildschwein betrachtet gerade ihre neue Bluse im Spiegel. Dabei fällt ihr Blick auf die Uhr, die hinter ihr an der Wand hängt. Emma sieht im Spiegel natürlich eine andere Zeit. Welche der vier Uhren A bis D zeigt die richtige Zeit?

Lösung: Der Erkennungsbuchstabe der richtigen Uhr ist der 23. Buchstabe, wenn du das Alphabet rückwärts aufsagst.

© Mildenberger Verlag · Minutenfüller · Bestell-Nr. 180-57

Jede Menge Uhren

Obwohl die meisten Menschen eine Armbanduhr tragen, findet man trotzdem an bestimmten Plätzen Uhren, auf die alle Menschen schauen können. Was sind das für Plätze? Schreibe mindestens drei auf.

Lösungsmöglichkeiten: Kirchturm, Bahnhof, Flughafengebäude, …

© Mildenberger Verlag · Minutenfüller · Bestell-Nr. 180-57

Tierisches Silbenrätsel

Unten findest du die Silben von sechs Tiernamen. Jeder Tiername besteht aus drei Silben. Streiche die Silben durch, wenn du einen Tiernamen gefunden hast und schreibe die Tiernamen auf.

SCHIM- GI- -PA- -IN

-KRÖ- -GEI -GU-

SCHMET- -PAN-

-SE -TER- PIN- PA- -LING

SCHILD- -FE -RAF- -TE

Lösung: Papagei, Schimpanse, Giraffe, Schildkröte, Pinguin, Schmetterling

Die ABC-Woche

Stelle dir vor, du solltest alle Wochentage nach dem Alphabet auflisten. Mit welchem Wochentag würde deine Liste beginnen und mit welchem Wochentag würde sie enden?

SDOIENNNTSATGAG

Lösung: Der erste Tag der Woche ist grau geschrieben, der letzte schwarz.

© Mildenberger Verlag · Minutenfüller · Bestell-Nr. 180-57

Welches Tier passt nicht zu den anderen?

In jeder Zeile passt ein Tiername nicht zu den anderen.
Kreise ihn ein. Schaue dir die Wörter genau an.

Käfer	Eidechse	Biene	Ameise	Fliege	Mücke
Tiger	Bär	Ameise	Maikäfer	Fischotter	Hamster
Zebra	Lama	Kakadu	Gorilla	Puma	Panda
Kolibri	Dromedar	Fledermaus	Ziege	Giraffe	Papagei
Elch	Hund	Fuchs	Hirsch	Eichhörnchen	Hai

Lösung: Käfer (Name endet nicht mit e)
Ameise (Name endet nicht mit r)
Kakadu (Name endet nicht mit a)
Ziege (Name besteht aus zwei Silben)
Eichhörnchen (Name besteht aus 3 Silben)

© Mildenberger Verlag · Minutenfüller · Bestell-Nr. 180-57

Das Buchstaben-Puzzle

In jeder Zeile sollst du aus den angegebenen Buchstaben ein Wort puzzeln. Alles klar? Dann geht's los!

1. PFLEA ______________________

2. OATMN ______________________

3. FFGIARE ______________________

4. SZURKI ______________________

5. AMGONT ______________________

6. GFLZGEUU ______________________

7. TTEGIWRE ______________________

8. NESCKCHE ______________________

Lösung: Lies die Lösungswörter von rechts nach links.
EMULB 1. LEFPA 2. TANOM 3. EFFARIG 4. SUKRIZ 5. GATNOM
6. GUEZGULF 7. RETTIWEG 8. EKCENHCS

© Mildenberger Verlag · Minutenfüller · Bestell-Nr. 180-57

Wimpis Wörterspiel

Wimpi hat sich ein lustiges Spiel ausgedacht. Er überlegt sich Sätze, in denen alle Wörter mit W/w beginnen. Kannst du auch solche Sätze erfinden? Mit welchem Buchstaben die Wörter beginnen, darfst du dir aussuchen. Schreibe drei Sätze auf.

© Mildenberger Verlag · Minutenfüller · Bestell-Nr. 180-57

Wimpis Briefmarkensammlung

Wimpi hat seine ganze Briefmarkensammlung ordentlich auf dem Tisch verteilt. Viele Briefmarken hat er mehrfach. Aber es gibt eine Reihe und eine Spalte, in der sich lauter verschiedene Briefmarken befinden. Welche Reihe und welche Spalte ist das? Kreise die Buchstaben ein.

G H I J K L

A B C D E F

Lösung: Die beiden Buchstaben sind die Buchstaben, die in diesen beiden Wörtern vorkommen:
HANDWERK SCHULHEFT

Wörterjagd

Gesucht werden möglichst viele Wörter, die mit -a, -e, -i, -o, -u enden. Das ist gar nicht so einfach. Schreibe die Wörter auf.

-a

Afrika, ______________________________

____

-e

Blume, ______________________________

____

-i

Wimpi, ______________________________

____

-o

Oslo, ______________________________

____

-u

Kakadu, ______________________________

____

© Mildenberger Verlag · Minutenfüller · Bestell-Nr. 180-57

Englische Zungenbrecher

Versuche diese beiden englischen Sätze so schnell wie möglich dreimal hintereinander laut zu sprechen.

Peter fed a peach to his pet parrot Paul.
(Auf Deutsch: Peter fütterte sein Haustier, den Papagei Paul, mit einem Pfirsich.)

Nick kicks sticky bricks.
(Auf Deutsch: Nick kickt klebrige Ziegelsteine.)

Kofferproblem

Jule Schwein findet am Flughafen ihren eigenen Koffer nicht mehr.
Sie weiß nur noch, dass ihr Koffer:

1. weder Aufkleber, Rollen noch Anhänger hat,
2. nicht einfarbig ist.

Lösung: Der richtige Koffer ist der achte in Pfeilrichtung.

© Mildenberger Verlag · Minutenfüller · Bestell-Nr. 180-57

Das offene Autofenster

Familie Wildschwein sitzt gerade gemütlich in der Eisdiele. Da ruft Papa Wildschwein ganz erschrocken: „Oh je, oh je, ich habe mein Autofenster offen gelassen!“
Warum ist das ein Problem? Kannst du dir zwei Gründe vorstellen, warum Papa Wildschwein so besorgt ist?

© Mildenberger Verlag · Minutenfüller · Bestell-Nr. 180-57

Für Schnellrechner

Die folgenden Rechenaufgaben sind nicht sehr schwierig. Du sollst aber alle innerhalb von fünf Minuten lösen. Zähle immer die vier Zahlen zusammen und schreibe das Ergebnis in den Kreis. Schau auf die Uhr und dann geht's los!

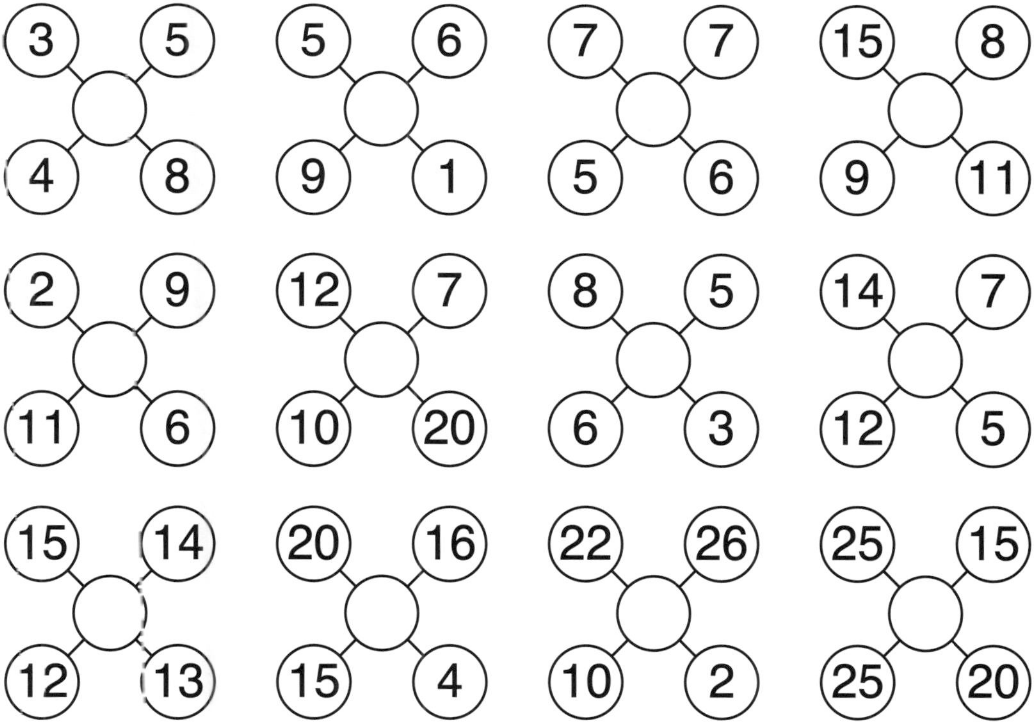

Zähle jetzt noch alle 12 Ergebniszahlen zusammen und vergleiche mit der Lösung.

◯ + ◯ + ◯ + ◯ + ◯ + ◯ + ◯ + ◯ + ◯ + ◯ + ◯ + ◯ = ________

Lösung: Lies von rechts nach links. **tredunhfnüf**

© Mildenberger Verlag · Minutenfüller · Bestell-Nr. 180-57

Wörter-Frisbee

Wimpi und seine Freunde spielen „Wörter-Frisbee“. Spielst du mit? Überlege dir möglichst viele Wörter, die man aus den Buchstaben auf der Frisbeescheibe bilden kann. Aber aufgepasst! Die Buchstaben, die du benutzt, müssen verbunden sein. Beispiel: STEIN ist erlaubt, weil alle Buchstaben in der Reihenfolge verbunden sind. HASE ist nicht erlaubt, weil das „H“ nicht mit dem nächsten Buchstaben, dem „A“, verbunden ist. Alles klar? Dann leg los!

Mögliche Lösungswörter: RIESE, BESEN, STERBEN, NIERE, NIE, NEIN, NASE, AST, ...

© Mildenberger Verlag · Minutenfüller · Bestell-Nr. 180-57

Der Blumenlaster

Wimpi hilft seinem Opa den Garten mit Blumen zu bepflanzen.
Opa hat gleich einen ganzen Laster voll bestellt. Er zählt die Pflanzen und stellt fest: Auf dem Laster befinden sich 333 Pflanzen. Es gibt genau eine Geranie mehr als Dahlien und genau eine Begonie mehr als Geranien.
Wie viele Begonien befinden sich auf dem Laster?

Lösung: Lies nur die Kleinbuchstaben.
SeHiKnÜhZuNnAdReWrYtJzSwTöPlEfO

Wohin des Weges?

Wimpi und Jule Schwein haben es eilig. Wohin sie fahren? Du erfährst es, wenn du den Anweisungen folgst und jeden Buchstaben, auf dem du im Buchstabengitter landest, in die jeweiligen Kreise notierst.
Wenn du fertig bist, kannst du das Lösungswort von unten nach oben lesen.

Norden

Westen | Osten

T	M	S
F	E	O
S	R	M

Süden

Beginne beim grau unterlegten T. (T)
Gehe von hier 2 Felder nach Osten. ◯
Gehe ein Feld nach Westen und eines nach Süden. ◯
Gehe ein Feld nach Westen. ◯
Gehe ein Feld nach Osten und ein Feld nach Süden. ◯
Gehe ein Feld nach Norden. ◯
Gehe ein Feld nach Norden. ◯
Gehe ein Feld nach Osten und zwei nach Süden. ◯
Gehe ein Feld nach Norden. ◯
Gehe zwei Felder nach Westen und eins nach Süden. ◯

Lösung: Lies nur die fett gedruckten Buchstaben.
G**S**HF**O**IU**M**A**M**TZ**ER**G**F**PO**E**NMF**S**DA**T**RW

© Mildenberger Verlag · Minutenfüller · Bestell-Nr. 180-57

Nass und trocken

Wimpi soll drei Dinge aufschreiben, die man nicht mehr gebrauchen kann, sobald sie nass geworden sind und drei Dinge, die man nicht mehr brauchen kann, wenn sie trocken geworden sind.
Wimpi hat keine Ahnung, was er aufschreiben soll. Kannst du ihm helfen?

1. Dinge, die man nicht mehr gebrauchen kann, wenn sie nass geworden sind:

______________________ ______________________ ______________________

2. Dinge, die man nicht mehr gebrauchen kann, wenn sie trocken geworden sind:

______________________ ______________________ ______________________

Lösungsmöglichkeiten: 1. Klopapier, Computer, Streichhölzer, …
2. Kleber in der Tube, Wandfarbe, Filzstift, …

© Mildenberger Verlag · Minutenfüller · Bestell-Nr. 180-57

Mairegen

Sieben große Männer stehen unter einem normal großen Regenschirm und keiner wird nass. Wie kann das sein?

Lösung: Lies nur die Großbuchstaben. **tEfSlRkEdGbNkErTfNIfbCHdTf.**

Oberbegriffe gesucht

Wie heißen die Oberbegriffe zu diesen Wörtern?
Schreibe sie auf die Linien daneben.

- Zange, Hammer, Säge, Bohrer ____________________
- Kleid, Jacke, Hose, Bluse ____________________
- Eiche, Birke, Buche, Ahorn ____________________
- Gabel, Messer, Suppenlöffel, Teelöffel ____________________
- Fliege, Käfer, Mücke, Spinne ____________________
- Geier, Amsel, Pelikan, Buchfink ____________________
- Motorrad, Auto, Bus, Lastwagen ____________________
- Merkur, Venus, Erde, Uranus ____________________
- Leber, Galle, Herz, Niere ____________________

Lösung: Lies von rechts nach links. Fange in der unteren Zeile an.

ENAGRONETENALPEGUEZRHAFLEGÖVNETKESNI

KCETSEBEMUÄBGNUDIELKGUEZKREW

© Mildenberger Verlag · Minutenfüller · Bestell-Nr. 180-57

Spiegelzahlen

Welche zwei Zahlen zwischen 1 und 100 verändern ihr Aussehen nicht, wenn man sie im Spiegel betrachtet?

1	2	3	4	5	6	7	8	9	10
11	12	13	14	15	16	17	18	19	20
21	22	23	24	25	26	27	28	29	30
31	32	33	34	35	36	37	38	39	40
41	42	43	44	45	46	47	48	49	50
51	52	53	54	55	56	57	58	59	60
61	62	63	64	65	66	67	68	69	70
71	72	73	74	75	76	77	78	79	80
81	82	83	84	85	86	87	88	89	90
91	92	93	94	95	96	97	98	99	100

Lösung: Die Lösung ist klein geschrieben.
WRMaLPcZThNBtEAD PZaJLcPhÄtRuAZnBdPCaXcBKhtEzNBiUgCR

© Mildenberger Verlag · Minutenfüller · Bestell-Nr. 180-57

Alle Achtung!

Schau dir die Zahlen in jeder Reihe genau an und beantworte die drei Fragen:

1. In welcher Reihe befinden sich die meisten geraden Zahlen?
2. In welcher Reihe befinden sich genauso viele gerade wie ungerade Zahlen?
3. Welche Ziffer kommt im ganzen Zahlengitter nur ein einziges Mal vor?

A	3	9	2	6	8	1	7	5
B	1	3	8	2	9	9	5	6
C	9	2	6	7	1	2	3	5
D	5	7	9	1	6	8	2	7
E	8	1	6	2	7	3	9	6
F	2	7	4	5	6	9	8	2
G	7	5	1	8	3	1	6	9

Lösung: 1. Reihe F 2. Reihe E 3. Ziffer 4

Da fehlt doch was!

In jedem Bild fehlt etwas. Findest du es heraus?

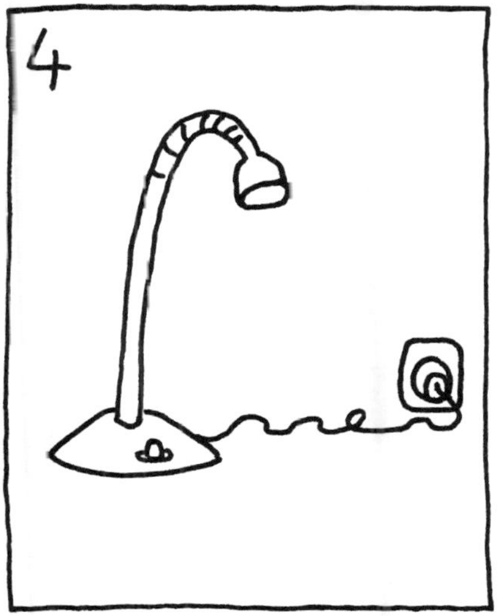

Lösung: 1. Knopflöcher 2. Flecken 3. Leiter 4. Glühbirne 5. Tür 6. Nummer 5

Seltener Badespaß

Kein Wunder, dass Igel Igor manchmal so unangenehm riecht. Er badet nämlich nur einmal in jedem Monat, der 31 Tage hat.
Wie oft badet Igor im Jahr?

Lösung: Die Lösungszahl ist gleich der Anzahl der Tage in einer Woche.

Was macht Wimpi?

1. Streiche alle Wörter durch, die aus 4 Buchstaben bestehen.
2. Streiche alle Wörter durch, die aus 7 Buchstaben bestehen.
3. Streiche alle Wörter durch, die mit „k“ enden.
4. Streiche alle Wörter durch, die mit „l“ enden.

Wenn du die übrig gebliebenen Wörter liest, erfährst du, was Wimpi gerade macht.

Trommel Musik Wimpi bald Schnabel telefoniert

Gärtner gerade Saurier Tier Gabel mit Wink

seiner wird Klavier lieben kann Stuhl Telefon

Oma Gaul Baum und Windel gratuliert Auge

krank Nudel ihr Mama Kuppel zum Gestank

Holz Geburtstag Laterne blitzblank hohl Mehl Pfeil Auto

Lösung: Lies von rechts nach links.
gatstrubeGmuzrhitreilutargdnuamOnebeilreniestimedaregtreinofeletipmiW

© Mildenberger Verlag · Minutenfüller · Bestell-Nr. 180-57

Gleiche Summen

Kannst du die fehlenden Zahlen so ergänzen, dass die Ergebnisse jeweils in beiden Kästchen gleich sind?

		+		
8	7		6	3
9	8		14	

		+		
3	5		2	8
6	9		7	

		+		
4	8		7	3
5	3		9	

		+		
5	6		9	7
9	8		4	

		+		
16	5		20	1
9	5		10	

		+		
12	5		14	6
8	11		9	

Zähle alle sechs Zahlen zusammen, die du eingesetzt hast und vergleiche mit der Lösungszahl. ____________________

Lösung: Lies nur die Kleinbuchstaben.
PfZüLnAfSuDnGdWdErMeNiPßRiKgF

Versteckte Sätze

1. Lies alle Wörter mit drei Buchstaben der Reihe nach.
2. Lies alle Wörter mit vier Buchstaben der Reihe nach.
3. Lies alle Wörter mit fünf Buchstaben der Reihe nach.

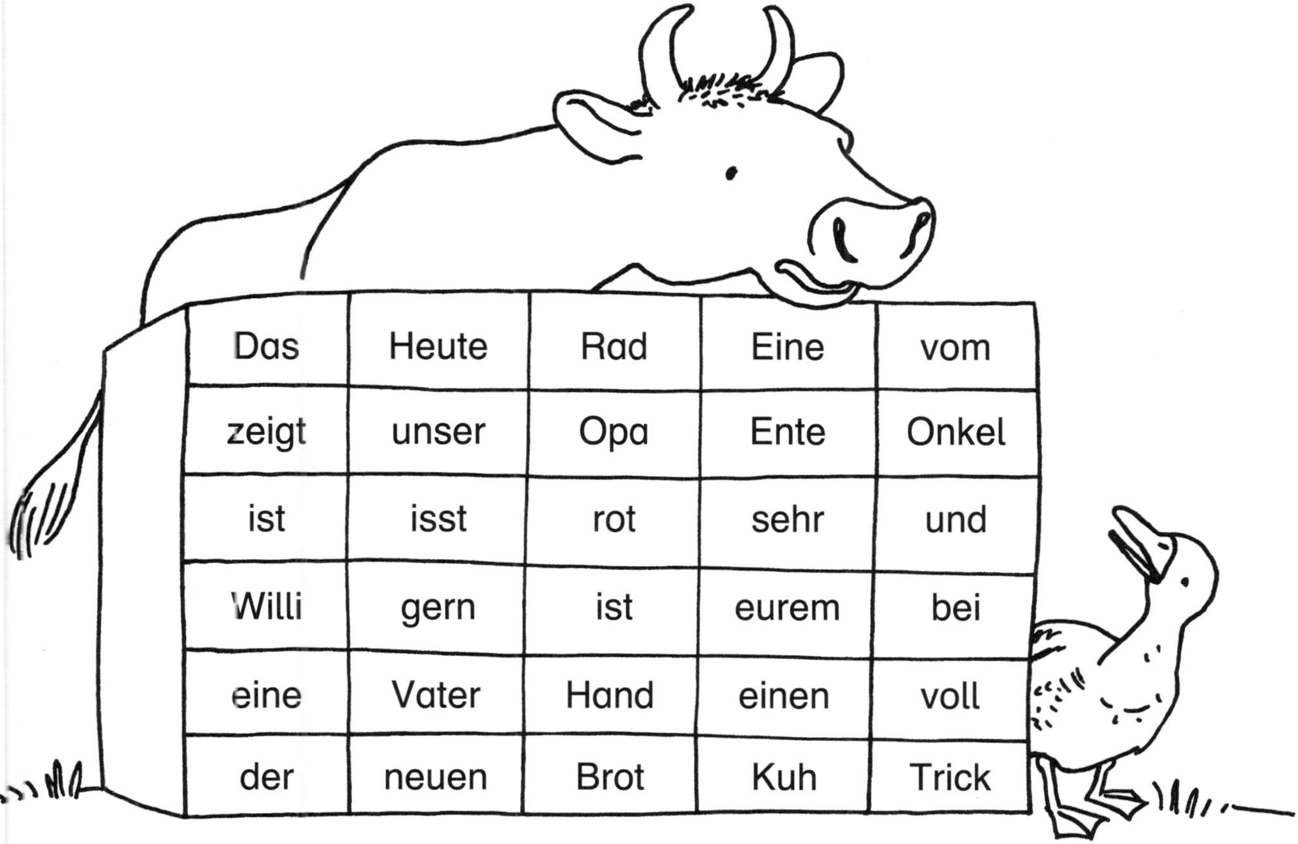

Das	Heute	Rad	Eine	vom
zeigt	unser	Opa	Ente	Onkel
ist	isst	rot	sehr	und
Willi	gern	ist	eurem	bei
eine	Vater	Hand	einen	voll
der	neuen	Brot	Kuh	Trick

Das Vorsilbenrätsel

Kreise im Kasten sieben Wörter ein, die mit allen Vorsilben auf dem Plakat neue sinnvolle Wörter ergeben. Ein Wort hat Wimpi schon gefunden.

stellen	rudern	schlafen	lernen	fahren	hüpfen
waschen	kommen	essen	angeln	halten	putzen
sammeln	heizen	zeigen	sehen	zahlen	gehen

Lösung: stellen, gehen, halten, heizen, fahren, sehen, kommen

© Mildenberger Verlag · Minutenfüller · Bestell-Nr. 180-57

Zitronenlimonade für alle!

Wimpi hat für sich und seine Freunde Zitronenlimonade selbst gemacht und in sechs Becher gefüllt. Allerdings sind die Becher nicht gleichmäßig gefüllt. Kannst du das erledigen? Wie viel Limo bekommt jeder?

Lösung: Jeder bekommt 18 : 3 + 7 – 10 Einheiten Limonade.

Zeitung mal anders!

Wozu man eine Zeitung braucht, weiß jeder, aber wozu man sie außerdem noch gebrauchen könnte, das ist hier die Frage.
Also, eine Zeitung könnte vielleicht als Teppich benutzt werden oder als warme Zudecke dienen, zusammengeknüllt könnte die Zeitung zum Ball werden, …
Welche Möglichkeiten fallen dir noch ein?

Turbo-Augen

Tippe mit deinem Finger so schnell es geht nacheinander auf alle geraden Zahlen, die kleiner sind als 50. Stoppe die Zeit, wie lang du dazu brauchst. Solltest du weniger als drei Minuten brauchen, kannst du dich sehr gut konzentrieren. Hast du länger gebraucht? Dann versuche es gleich noch einmal.

28 66 10 32 14 6 27

9 44 23 18 1 12 24 33

41 52 80 74 36 45 98

50 22 4 15 39 20 37 100

13 40 54 48 31 16 11 8

25 38 21 47 17 3 30 2

26 92 34 78 19 46

42 29 35 43 7 5 49

© Mildenberger Verlag · Minutenfüller · Bestell-Nr. 180-57

Wimpis Zahlenrätsel

Wimpi hat sich in Gedanken eine Zahl ausgesucht. Wenn Wimpi alle Zahlen zusammenzählt, die niedriger sind als seine eigene, erhält er genau das Dreifache seiner Zahl.
Findest du Wimpis Geheimzahl? Dann male sie bunt an.

Lösung: Wimpis Geheimzahl ist die **nebeis**.
Lies von rechts nach links. Alle kleineren Zahlen ergeben zusammengezählt die Summe 21 (1 + 2 + 3 + 4 + 5 + 6).
21 ist genau das Dreifache von nebeis.

Einer stört

Wimpi hat hier lauter Buchstaben für dich aufgeschrieben. Du sollst den Buchstaben finden, der anders ist als die anderen.

Lösung: Der gesuchte Buchstabe ist der einzige, der in allen drei Wörtern vorkommt: KOLIBRI MONTAG TROMMEL
Es ist der einzige Buchstabe, der nicht aus lauter geraden Strichen besteht.

Das Schwindel-Gespenst

Echte Gespenster haben keinen Schatten, das weiß sogar Wimpi. Darum ist es ihm auch unangenehm, dass sein Schatten zu sehen ist. Unter welchem Gespensterkostüm steckt Wimpi?

Lösung: Der Buchstabe von dem Gespenst, zu dem der Schatten passt, ist der einzige Buchstabe, der in diesen drei Namen vorkommt:
ARNULF – ALFONSIA – GOTTFRIED